CHANSONNIER

DES NOCES

ET BAPTÊMES,

IMPRIMERIE DE LEFEBVR

RUE DE BOURBON, N°. 11.

Le jour des Vôcea.

CHANSONNIER

DES NOCES

ET BAPTÊMES,

OU

RECUEIL DE VERS ET COUPLETS

POUR

LES MARIAGES ET NAISSANCES.

PARIS.

LOCARD ET DAVI, LIBRAIRES,
Quai des Augustins, n°. 3.

1821.

CHANSONNIER
DES NOCES
ET BAPTÊMES.

LE BONHEUR DE L'HYMEN.

Air : *Du vaudeville de Comment faire.*

D'hymen que les nœuds sont charmans
Quand de l'amour ils sont l'ouvrage ;
Quand, garant des plus doux sermens,
Ce Dieu préside au mariage.

Fi du célibataire obscur,
Qu'abuse fausse jouissance !
Aux humains, d'un plaisir bien pur,
L'hymen seul donne l'assurance.

En chœur.

D'hymen que les nœuds sont charmans, etc.

Si vous rencontrez quelque jour
Des époux las de leur ménage,

Croyez bien qu'un sincère amour,
Jamais ne fut leur apanage.

En chœur.

D'hymen que les nœuds sont charmans, etc.

Aux mariés.

Epoux amans, de votre amour
Pour que les feux durent sans cesse,
De tendres fruits viendront un jour
En ranimer la sainte ivresse.

Chœur général.

D'hymen que les nœuds sont charmans
Quand de l'amour ils sont l'ouvrage;
Quand, garant des plus doux sermens,
Ce Dieu préside au mariage.

COUPLET.

AIR : *De la soirée orageuse.*

MON cœur partage ici les vœux
Que forme pour vous la tendresse :
Ah! pour être toujours heureux,
Prolongez cette douce ivresse.

Unis des liens les plus doux,
Demeurez à jamais fidèles ;
Que, pour s'envoler de chez vous,
L'amour ne trouve plus ses ailes.

CONSEILS D'UNE MÈRE.

Air : *J'ai vu partout dans mes voyages.*

Au moment où l'hymen t'engage,
Ma fille, écoute mes avis :
On est heureux dans son ménage
Tant que les cœurs sont bien unis.
Si jamais un léger nuage,
Dans le tien s'élevait un jour,
Tu dois, pour dissiper l'orage,
Redoubler de soins et d'amour.

L'égoïste célibataire,
Au nom d'hymen entre en courroux ;
Il passera sa vie entière,
Privé des plaisirs les plus doux.
Pour un bon ménage, sans peine
S'écoulent des jours enchanteurs,

Si l'époux chérit une chaîne,
Que l'épouse couvre de fleurs.

Heureux mille fois le ménage,
Dont un fils vient combler les vœux !
Des deux, c'est la vivante image :
« Voilà ton front ; il a tes yeux. »
C'est ainsi qu'heureux père et mère
Vous vous exprimerez un jour,
Et ce fruit, d'un lien prospère,
Semblera doubler votre amour.

LE BONHEUR EN PERSPECTIVE,

A une Amie malheureuse dans ses premiers liens.

AIR : *Avec les jeux dans le village.*

O vous qu'un doux lien rassemble
Dans un jour aussi précieux !
Venez, et confondons ensemble
Nos chants, nos transports et nos vœux.
Du sentiment, de la tendresse,
Cédons au mouvement flatteur ;

Que tout respire ici l'ivresse,
Et le tendre abandon du cœur. *bis.*

Sous ses lois l'hymen vous engage;
Mais l'amour vous a fait époux,
Ce dieu veut expier, je gage,
Les torts de son frère envers vous.
Ne craignez pas d'erreur nouvelle,
Vous saurez fixer le bonheur;
Il est près d'un époux fidèle,
Si j'en juge d'après mon cœur. *bis.*

C'est le prix, j'ose le prédire,
De vos vertus, de vos attraits;
Croyez l'amitié qui m'inspire,
L'amitié qui ne ment jamais.
Un époux tendre, aimable et sage,
De sa main jetera des fleurs
Sur les épines du ménage,
S'il en peut être pour vos cœurs. *bis.*

Des beaux jours (faut-il le dire),
Déjà l'aurore luit pour vous;
Vous faites aimer votre empire

Au plus fortuné des époux.
D'un regard il trahit lui-même
Le secret qui fait son bonheur;
Peut-on, hélas! lorsque l'on aime,
N'avoir pour témoin que son cœur. *bis.*

MON BONHEUR.
Couplets chantés par le Marié.

AIR : *Je voudrais voir à chaque instant.*

Ce jour comble tous mes souhaits,
En éclairant un hyménée
Qui vient de fixer à jamais
Le bonheur de ma destinée.
Que pourrais-je espérer de plus
Sans être taxé de folie?
sprit, grâces, talens, vertus,
Tout se trouve dans mon amie.

O toi qui daignes confier
Ton sort à mon amour extrême!
Va! je saurai justifier
Le choix d'une mère qui t'aime.

titre de ton époux,
verras mettre sans cesse
.s et mes vœux les plus doux
'er même tendresse.

'x amis, tendres parens,
ez part à cette fête,
ois mes pressentimens,
nir pour moi s'apprête!
il ne me fait pas peur,
m'y livrer sans peine,
ne verrez, d'un grand cœur,
mon petit domaine.

RCIMENS DE LA MARIÉE.

Jeunes amans, cueillez des fleurs.

v vient d'enchaîner deux cœurs,
façonna l'un pour l'autre :
ens tissus de fleurs,
eureux sera le nôtre!
vaincre à chaque instant

Au plus fortuné des époux.
D'un regard il trahit lui-même
Le secret qui fait son bonheur ;
Peut-on, hélas ! lorsque l'on aime,
N'avoir pour témoin que son cœur.

MON BONHEUR.
Couplets chantés par le Marié.

Air : *Je voudrais voir à chaque inst*

Ce jour comble tous mes souhaits,
En éclairant un hyménée
Qui vient de fixer à jamais
Le bonheur de ma destinée.
Que pourrais-je espérer de plus
Sans être taxé de folie ?
sprit, grâces, talens, vertus,
Tout se trouve dans mon amie.

O toi qui daignes confier
Ton sort à mon amour extrême !
Va ! je saurai justifier
Le choix d'une mère qui t'aime.

Fier du titre de ton époux,
Tu me verras mettre sans cesse
Mes soins et mes vœux les plus doux
A mériter même tendresse.

Joyeux amis, tendres parens,
Qui prenez part à cette fête,
Si j'en crois mes pressentimens,
Quel avenir pour moi s'apprête !
Le travail ne me fait pas peur,
Je saurai m'y livrer sans peine,
Et vous me verrez, d'un grand cœur,
Arrondir mon petit domaine.

REMERCIMENS DE LA MARIÉE.

Air : *Jeunes amans, cueillez des fleurs.*

Hymen vient d'enchaîner deux cœurs,
Qu'amour façonna l'un pour l'autre :
Dans ces liens tissus de fleurs,
Quel sort heureux sera le nôtre !
J'aurai su vaincre à chaque instant

Des soucis l'atteinte jalouse ;
Je fus toujours heureuse enfant,
Et je vais être heureuse épouse.

   Pour ceux qui m'ont donné le jour,
Comme pour toute ma famille,
Je ne ressens pas moins d'amour
Lorsque je cesse d'être fille.
Il me faut suivre mon époux,
Car l'évangile me l'ordonne,
Et mon cœur le trouvant bien doux,
Se soumet à l'ordre qu'il donne.

   Ah ! que ne puis-je exprimer mieux
Ma parfaite reconnaissance
Pour tant de soins affectueux
Que reçut de vous mon enfance ?
N'imaginez pas que jamais
Je puisse en perdre la mémoire :
A me retracer vos bienfaits
Je veux mettre toute ma gloire,

HOMMAGE AUX DEUX ÉPOUX.

AIR : *Du pas redoublé.*

JEUNES époux dans notre cœur
    Que ne pouvez-vous lire ?
Le plaisir que votre bonheur
    En secret nous inspire !
Il n'est en ce moment charmant,
    Personne, je parie,
Qui ne croit au plaisir qu'il sent,
    Que c'est lui qu'on marie.

Saint Paul dit un peu durement :
    « Femme soyez soumise ! »
Jamais votre sensible amant
    Ne suivra sa devise.
Un époux galant, amoureux,
    Plein d'une douce ivresse,
Fait du jeune objet de ses vœux
    Sa reine et sa maîtresse.

Sur le plus heureux des époux
    Régnez en souveraine ;

Qu'à chaque instant à vos genoux
    Un nouveau nœud l'enchaîne !
Surtout ne craignez pas un jour
    Que son cœur se dégage,
Captif près des grâces, l'amour
    Bénit son esclavage.

Sachez apprécier toujours
    Le bonheur d'être ensemble ;
Qu'à jamais chacun de vos jours
    Au premier jour ressemble !
Et pour terminer dignement
    Ce jour incomparable,
Employons tous la nuit gaiement,
    Vous au lit, nous à table.

LE JOUR ET LA NUIT.

AIR : *Trouverez-vous un parlement*

PRÊTEZ l'oreille à ma chanson ;
Jeune beauté soyez discrète,
Un apôtre de grand renom
M'a choisi pour son interprète.

Or, voici sur ce sacrement
Tout l'esprit d'un chef de l'Eglise :
« Le jour, mari soyez galant,
La nuit, femme soyez soumise. »

A la mariée.

Ton amant, timide autrefois,
Se contentait d'un doux sourire;
Avant peu, jaloux de ses droits,
Il voudra tout ce qu'il désire.
Mais de ses progrès dans ton cœur
Tu ne dois pas être inquiète;
Le jour eût blessé ta pudeur,
La nuit cachera ta défaite.

LA SAGESSE.

Couplets à un jeune homme qui se marie
pour se convertir.

AIR : *Jeunes amans, cueillez des fleurs.*

L'AMI que je fête, à vingt ans,
Avait les grâces de son âge;
En lui jeunesse, esprit, talens,

Plaisaient chaque jour davantage.
Chacun l'aimait; de tous côtés
On vantait sa délicatesse.
A tant de rares qualités,
Il ne manquait que la sagesse.

Lancé dans un monde enchanteur,
Et fol comme on l'est au bel âge,
Pour ne point engager son cœur
D'amour il fuyait l'esclavage.
Enfin, il revient sur ses pas,
A l'hymen fixe sa tendresse;
Il prend femme pleine d'appas
Pour aimer toujours la sagesse.

A vous convertir votre choix
Nous montre un véritable zèle
Et j'aime à croire cette fois
Que vous voulez être fidèle.
Besoin n'est de prendre les dieux
A témoins de votre promesse,
Vous la tiendrez, et ces beaux yeux
Sont garans de votre sagesse.

Bientôt armé de son flambeau,
Le Dieu qu'à Paphos on révère,
Va sur vous tirer le rideau,
Qui sert d'asile au doux mystère.
Mais possesseur de tant d'appas,
Plongé dans l'amour et l'ivresse,
Notre ami, pourtant n'allez pas
Vous piquer de trop de sagesse.

A MON AMI.

AIR : *J'ai perdu mon âne.*

Pour un mariage,
On dit que l'usage
Demande un petit couplet;
Aussi le mien est tout prêt
Pour ton mariage.

Dans le mariage,
Mon ami, sois sage !
En n'écoutant que ton cœur,
Tu trouveras le bonheur
Dans le mariage.

Pour le mariage,
Il faut du courage :
Ami, je lis dans tes yeux
Que tout ira pour le mieux
Dans ton mariage.

L'HYMEN COMME ON EN VOIT PEU.

AIR : *Autant n'en pas avoir.*

C'EST un fait bien notoire,
L'Hymen sur les amours
Remporte une victoire
Qu'il n'obtient pas toujours :
Amis, rendons hommage,
A ce couple enchanteur,
Et du nouveau ménage
Célébrons le bonheur.

L'épouse aimable et sage
Brille par la candeur ;
Son époux, en partage,
A l'esprit, un bon cœur.
Amis, etc.

Si d'un mari fidèle,
Tout le sexe aujourd'hui
Cherche envain un modèle,
On le verra chez lui.
Amis, etc.

Une épouse constante
Est chose rare encor;
Eh bien! dans son amante
Il trouve ce trésor.
Amis, etc.

L'Hymen qui les engage
Aura mille douceurs,
Tant qu'amour, sans partage,
Régnera sur leurs cœurs.
Amis, etc.

REPROCHE D'UNE SŒUR.

AIR : *Il faut des époux assortis.*

FRÈRE très-cher, j'ai de l'humeur,
Tu me fais un sanglant outrage;
Car en me donnant une sœur,

Tu veux être aimé davantage.
Tu dois toi-même en convenir,
J'ai bien le droit d'être jalouse;
Seras-tu libre de choisir
Entre ta sœur et ton épouse?

Je pourrais bouder contre toi,
Pour prix de ton humeur volage.
Jadis, Monsieur n'aimait que moi;
Et voilà qu'un autre l'engage.
Mais pour punir cet inconstant
Faut-il combattre la nature?
Je trouve plus accomodant
De lui pardonner cette injure.

A devenir volage aussi,
Ce bel exemple m'encourage.
Sur ce, frère, prends ton parti,
De mon cœur je fais le partage.
Tu n'en as plus qu'une moitié,
L'autre est pour une autre personne :
Je la destine à l'amitié;
C'est à ma sœur que je la donne.

PETIT MOT POUR RIRE.

Sur l'Air de ce refrain.

Lorsque l'hymen en ce beau jour,
De compagnie avec l'amour,
   Exerce son empire.
Animés par le dieu du vin,
Entonnons ce joyeux refrain,
   Vive le mot (*ter.*) pour rire !

Ouvrons notre âme à la gaîté,
Chantons tous leur félicité !
   C'est elle qui m'inspire :
Chantons de célestes appas....
Et puis à l'oreille, tout bas,
   Disons le mot (*ter.*) pour rire.

Quel bonheur attend cet époux,
Combien il fera de jaloux ;
   Mais las ! qu'allais-je dire ?
Ah ! j'oubliais qu'en fait d'amour,
Il ne faut pas lâcher toujours
   Le petit mot (*ter.*) pour rire.

Au plaisir il faut se livrer;
Mais il ne faut pas s'égarer
    Au gré d'un vain délire.
Pour nous dédommager, je crois,
Nous pourrons dire dans neuf mois,
    Le petit mot (*ter.*) pour rire.

Vous êtes dans votre printemps,
Jouissez de ces doux momens,
    Le temps ne peut suffire;
Car, lorsqu'on est sur le retour,
Vous pouvez m'en croire, l'amour
    N'est plus qu'un mot (*ter.*) pour rire.

L'un et l'autre soyez constans,
Quoique époux, vivez en amans;
    Que chacun vous admire.
Quoique plus d'un plaisant l'ait dit,
Le mot sacré qui vous unit,
    N'est pas un mot (*ter.*) pour rire.

En dépit du docte Hélicon
Je touche au bout de ma chanson,
    Mais je crains la satire.

Pour prix de ces faibles couplets,
Belles, n'allez pas à mes frais,
   Dire le mot (*ter.*) pour rire.

LA COMPARAISON.

Air : *La maison de M. Vautour.*

Qu'il est aimable ce lien
Sûr garant d'un bonheur durable !
Combien un sage et tendre hymen
Au seul amour est préférable !
Lorsque d'inutiles regrets
Sont la suite d'une imprudence,
Deux époux savourent en paix
Le calme heureux de l'innocence.

  L'amour irrite les désirs ;
Il cherche l'ombre du mystère :
L'hymen donne de vrais plaisirs,
Et ne force point à les taire.
Que ton flambeau, Dieu trop malin,
Cède à celui de l'hymenée !

L'un n'est que l'astre du matin ;
L'autre luit toute la journée !

   Puissiez-vous, époux fortunés,
Jouir long-temps de votre ivresse,
Suivre, de myrtes couronnés,
Le cours brillant de la jeunesse ;
Et sur le déclin de vos ans,
(Digne prix de votre tendresse)
Trouver, auprès de vos enfans,
L'appui d'une heureuse vieillesse.

COUPLETS.

AIR : *Un soldat par un coup funeste.*

Deux cœurs qu'amour a su séduire
D'abord éprouvent ses désirs ;
Le jour de l'hymen vient-il luire ?
Il mène avec lui les plaisirs.
   L'âme satisfaite
Au bonheur naît en ce beau jour ;
Le cœur prononce, et la bouche répète :
Vive l'hymen, vive l'amour !

Un bonheur pur et sans nuage,
Des jours sereins, un sort charmant,
Epoux, voilà votre partage,
L'amour en est un sûr garant.
    L'âme satisfaite,
Acceptez l'augure du jour.
Le cœur nous dicte et la bouche répète :
Vive l'hymen, vive l'amour !

IL FAUT S'ATTENDRE A ÇA.

Couplets chantés par un parent de l'Epoux.

AIR : *Eh ! ma mère, est c'que j'sais ça ?*

ENTREZ dans notre famille,
Nous en serons tous ravis ;
Mais en cessant d'être fille,
Recevez quelques avis :
L'hymen vous cache un mystère ;
Apprenez que votre époux
Ne songe ici qu'à vous faire.....
Qu'à vous faire les yeux doux.

3

Loin de punir son audace,
Peut-être on l'excusera ;
Le sexe bientôt fait grâce
A des torts comme comme ceux-là.
D'ailleurs cet époux si tendre,
Quand vous auriez de l'humeur,
Saurait encore vous prendre....
Vous prendre par la douceur.

Plus heureux cent fois que sage,
Au but il viendra toujours,
Tant qu'il vous fera, je gage,
Crier... tout bas... au secours !
Eh ! tenez, c'est à la lettre,
Vainement vous direz *non :*
Il finira par vous mettre...
Par vous mettre à la raison.

A UNE BIENFAITRICE.

AIR : *J'ai vu partout dans mes voyages.*

Permettez que ma voix s'unisse
Aux vœux que l'on forme pour vous.

Se taire serait un supplice
Quand vous faites choix d'un époux.
Puisse à jamais ce mariage
Chez vous fixer les jeux, les ris !
Puissiez-vous dans votre ménage
De vos vertus trouver le prix !

POUR LE MARIAGE D'UN MILITAIRE.

Air connu.

Chantons l'hymen, chantons l'amour,
Mars et Vénus s'unissent en ce jour.
Vainqueur dans mainte affaire où brilla ton génie
    Le front ceint de mille lauriers,
    Tu trouves dans femme accomplie
    Le prix de tes travaux guerriers.
    Ainsi, quand le grand cœur d'Alcide
    Eut détruit monstres et brigands,
Omphale fit tomber sa massue homicide ;
    Et des héros le modèle intrépide
Devint encor celui des plus tendres amans.

A MA NIÈCE,

Le jour de son mariage.

AIR : *La foi que vous m'avez promise.*

Sur ton cœur exempt d'imposture,
Au lieu d'un titre, j'en ai trois :
J'en reçus un de la nature,
Les deux autres sont de mon choix.
Ma filleule, ma jeune amie,
Et l'enfant d'une tendre sœur,
Juge si je dois, Emilie (1),
M'intéresser à ton bonheur !

Pourquoi la fortune inflexible,
Se riant de nos vains désirs,
N'a-t-elle pour un cœur sensible
Que des refus, des déplaisirs !
Pourquoi, lorsqu'un doux hymenée
Se plait à couronner vos feux,

---

(1) Rosalie, ma Julie, ma Sophie, Lulalie, Virginie, Olympie, Uranie, etc.

Ne puis-je, dans cette journée,
T'offrir que de stériles vœux ?

Puisse votre chaîne légère
Se cacher toujours sous des fleurs !
Puisse à jamais le sort prospère
Vous enivrer de ses faveurs !
Et si des ans l'affreuse glace
Vient éteindre enfin vos désirs,
Que l'amour paternel remplace
Chez vous l'amour et ses plaisirs.

AUX DEUX ÉPOUX.

AIR : *Vous m'ordonnez de la brûler.*

L'Hymen se présente en ces lieux
 Sous les plus doux auspices ;
Car l'amour le plus grand des Dieux
 Les lui rendra propices.
Il a blessé des mêmes traits
 Deux cœurs faits l'un pour l'autre.
Heureux époux, quel sort jamais
 Egalera le vôtre !

Sans être un grand sorcier, je lis
    Dans votre destinée :
Avant un an, naîtront des fruits
    D'un si bel hymenée.
Toujours nous verrons le bonheur
    S'empresser sur vos traces ;
Peut-il faire trop en faveur
    De l'Amour et des Grâces ?

A MA FEMME ET A SES PARENS.

AIR : *Philis demande son portrait.*

L'HYMEN enfin comble mes vœux,
    J'obtiens celle que j'aime ;
Pourrais-je ne pas être heureux ?
    J'en suis aimé de même.
Lui plaire à chaque instant du jour
    Est ma plus douce envie ;
Entre nous les nœuds de l'amour
    Sont formés pour la vie.

Oui, je veux dans tous mes instans
    Te prouver ma tendresse ;
Je veux, fidèle à mes sermens,

Les observer sans cesse.
Ne crains pas qu'un jour ton époux
    Pour un autre s'enflamme :
Etre aimé ne me semble doux
    Que fidèle à sa femme.

Vertueux parens, c'est à vous
    Qu'est dû ce bien suprême :
Vous fûtes toujours bons époux,
    Nous le serons de même,
Quand Amour sous le poids des ans
    Perdra de son ivresse
Doux souvenirs de mon printemps
    Charmeront ma vieillesse.

LES VŒUX DE L'AMITIÉ.

Air : *Du ballet des Pierrots.*

Sous les douces lois d'hymenée,
Vous qui venez d'unir vos jours
De cette chaîne fortunée,
Ah ! sachez prolonger le cours.
Que la volupté soit l'idole

De vos cœurs brulans de désirs ;
Oubliant le temps qui s'envole,
Près de vous fixez les plaisirs.

Il est un bonheur en ce monde
Peu connu de l'humanité :
Sa base est l'amour qui se fonde
Sur l'estime et la loyauté.
Consacrez votre vie entière
A ce bonheur pur et caché ;
Et répétez avec le lierre :
« Je meurs où je suis attaché. »

Couple intéressant et fidèle,
N'oubliez jamais vos sermens ;
De constance offrez un modèle,
Epoux, soyez toujours amans.
Que la jalousie et ses peines
Ne viennent point troubler vos cœurs :
L'hymen vous a donné des chaînes,
Que l'amour les couvre de fleurs !!!

UN MOT A MON AMIE,

Le jour de son mariage.

Air : *Le plaisir qu'on goûte en famille.*

Quand l'hymen engage ton cœur,
Timide au sein du bonheur même,
Tu voudrais cacher ta rougeur
A l'époux adoré qui t'aime.
Mais enfin ses bras vont s'ouvrir
Pour désarmer ta modestie....
Ah ! viens avant te recueillir
Au sein de ta meilleure amie !

Par goût plutôt que par devoir
D'un époux fixant la tendresse,
Quoique soumise à son pouvoir,
Tu seras toujours sa maîtresse.
Ne crains point son autorité
Que peut désarmer un sourire :
Partout où règne la beauté,
L'amour a fixé son empire.

Si l'amour voit fuir tes attraits,
Tu n'auras pas perdu tes armes ;
Tu peux, dans de vivans portraits,
Reproduire à ses yeux tes charmes.
Que de liens chers et puissans
L'enchaîneront dans son ménage,
S'il retrouve dans ses enfans
Ou tes vertus, ou ton image !

L'HYMEN ET L'AMOUR.

AIR : *Mon cher ami Tarare, pompon.*

Dans ce jour trop heureux
Permettez que j'exprime
Le zèle qui m'anime
Pour chacun de vous deux.
Je sais qu'on ne voit guère
Dans un même séjour
L'hymen avec son frère
  L'Amour.

Amis, à ces époux
Chantons, buvons sans cesse !

Qu'une joyeuse ivresse
S'empare de nous tous.
Dans leur humble chaumière
Célébrons tour à tour
Et l'Hymen et son frère
    L'Amour.

Pour ces faibles couplets
Je crains peu la critique ;
Et, quoique sans logique,
L'amitié les ait faits ,
Ils m'obtiendront , j'espère ,
Un bien tendre retour
Chez l'Hymen et son frère
    L'Amour.

CANTATE

En l'honneur d'un mariage.

A<small>IR</small> :

Quels doux accens ont frappé mon oreille,
Je ne sais plus si je dors, si je veille.
  Où court ce peuple tout joyeux ?

Va-t-on célébrer une fête ?
Mon cœur me dit qu'Hymen s'apprête
A couronner un couple heureux.

L'amour, guidé par le désir de plaire,
Accourt ici sur les pas de sa mère,
Tenant en mains ses traits de feux.
A la suite de Cythérée
J'aperçois la troupe enivrée
Des plaisirs, des ris et des jeux.

Dans ce séjour que son aspect féconde,
Règne la paix souveraine du monde ;
La discorde aux noires fureurs
N'y jette point sa pomme envenimée ;
Mais gardons-nous de la pointe enflammée
Du petit Dieu qui vise droit au cœur.

Après avoir chanté le mariage
Qui forme un si joli ménage,
Le reste, je le sens, ne nous regarde plus,
Et l'épouse apprendra de son époux lui-même,
Qu'après les neuf mois révolus,
Nous reviendrons célébrer un baptême.

L'HOROSCOPE.

AIR : *Ah! rendez grâce à la nature.*

Chez l'hymen on dit que l'amour
Ne fait pas longue résidence ;
L'y voilà pourtant sans retour
Fixé, grâce à votre alliance.
De fleurs, par un accord bien doux,
Ces dieux ont su former vos chaînes ;
En plaisirs, aimables époux,
Ils changeront toutes vos peines.

Savourez long-temps la douceur
Que promet semblable hyménée :
Que la carrière du bonheur
Pour vous se rouvre chaque année !
Le ciel propice aux bonnes gens,
Couronnera votre tendresse,
Et bientôt d'aimables enfans
Mettront le comble à votre ivresse.

A DEUX JEUNES MARIÉS,

AIR : *Avec les jeux dans le village.*

JEUNES époux qui d'hyménée
Goûtez les premières faveurs,
La chaîne la plus fortunée,
Pour toujours vient d'unir vos cœurs :
Ouvrez votre âme à la tendresse,
Ce jour couronne vos désirs :
Au sein de la plus douce ivresse,
Comptez vos jours par vos plaisirs.   *bis.*

Ne craignez pas l'humeur légère
Du volage et perfide amour :
Il avait déserté Cythère
Pour venir orner votre cour ;
Il voltigeait de belle en belle,
Sans voir le flambeau de l'hymen :
Il brûle le bout de son aile ;
A vos pieds il tombe soudain.   *bis.*

Auprès de vous, femme accomplie,
Le voilà fixé pour jamais,

Il embellira votre vie,
Tâchez d'adoucir ses regrets.
Il n'oserait plus à Cythère
Montrer sa honte et sa douleur;
Oh! daignez lui servir de mère,
Ayez pitié de son malheur. *bis.*

De Vénus vous avez les grâces,
Vous avez ses brillans attraits;
L'amour suivant partout vos traces,
De Vénus croira voir les traits.
De compagnie avec son frère,
Adoptez-le pour votre enfant,
Tous deux prenant soin de vous plaire
Rendront votre destin charmant. *bis.*

L'ESPOIR DE LA JEUNE ÉPOUSE.

AIR : *C'est à mon maître en l'art de plaire.*

C'EN est donc fait! ma destinée
Vient de se fixer aujourd'hui;
Pour subir le joug d'hyménée
C'est de bon cœur que j'ai dit oui.

Je n'ai pas l'heureux avantage
De pénétrer notre avenir;
Mais par ma faute aucun nuage
Ne viendra, je crois, le ternir.

Quand pour suivre un époux bien tendre
Je quitte de tendres parens,
De lui n'ai-je pas droit d'attendre
Chaque jour des soins plus touchans?
Mais je ne suis pas exigeante,
Je ne veux point dicter de lois,
Tant qu'il ne verra qu'une amante
Dans la compagne de son choix.

A ses parens.

Vous dont l'extrême bienveillance
A préparé ces doux momens,
De ma vive reconnaissance
Recevez les remercîmens.
Afin de voir un bon ménage,
Si vous avez formé ces nœuds,
A bien remplir ce but si sage
Nous allons travailler tous deux.

MON AVIS.

AIR : *L'hymen est un lien charmant.*

Le plus charmant de tous les dieux,
Sans contredit c'est l'hymenée !
Il embellit la destinée
Par un attrait délicieux.
Mais une flamme passagère
Le rend malheureux sans retour,
Pour que sa chaîne soit légère,
Il faut tout entier à l'amour
Fixer ce dieu près de son frère.

Si vous voulez, jeunes époux,
Connaître le bonheur suprême,
Aimez-vous donc toujours de même
Et fuyez les soupçons jaloux :
Vos jours seront des jours de fêtes,
Si, brûlant d'une même ardeur
Et refusant d'autres conquêtes,
Vous n'écoutez que votre cœur
Pour demeurer ce que vous êtes.

A MON AMI, SUR SON MARIAGE.

Air : *Cœurs sensibles*, etc.

Je blâme le goût volage
De tous ces jeunes Français
Qui, redoutant l'esclavage,
Restent garçons pour jamais.
Tandis que par mariage
Il est si doux de s'unir,
Quand on a su bien choisir.   *bis.*

Qu'il est de femmes volages,
D'infidèles, dira-t-on ;
Il en est de tous les âges :
Aussi combien en voit-on
Qui trouvent en femmes sages,
Dans leur devoir leur plaisir ?
Le tout est de bien choisir.   *bis.*

Prenons donc tous pour modèle
Notre bon et franc ami ;

Prenons femme jeune et belle,
Ne l'aimons pas à demi.
Devenons heureux par elle,
Chez nous fixons le plaisir,
Comme lui sachons choisir. *bis.*

COUPLET A LA JEUNE ÉPOUSE.

AIR : *Aimé de la belle Ninon.*

TON embarras en ce moment
Me découvre plus d'un mystère :
Tu veux bien suivre ton amant,
Mais tu crains de quitter ta mère ;
Tu vois chacun d'eux tour à tour
Se disputer la préférence....
Consacre la nuit à l'amour,
Le jour à la reconnaissance.

COUPLET DU MARIÉ.

Air : *Jeunes beautés au regard tendre.*

Dans l'heureux choix qu'on me voit faire,
Chacun ne peut que m'admirer :
Grâces, décence, et don de plaire,
Rien ne me reste à désirer.
L'hymen unit nos destinées
Pour nous combler de ses faveurs ;
L'amour, en réglant nos années,
Saura les parsemer de fleurs.

LES COUPLETS DE LA VEILLE.

Air : *Comm' j'l'étrille, trille, trille !*
ou *Dans le fond d'une écurie.*

Sur l'autel de l'hyménée
Pour qui s'allument ces feux ?
Célébrons les cœurs heureux
Dont il joint la destinée !

Quel bien d'unir aux amours
Une chaîne fortunée,
Quel bien d'unir aux amours
Des nœuds qui durent toujours !

Qu'il est doux à son amante
D'immoler sa liberté !
C'est de la fidélité
L'épreuve la plus touchante.
Quel bien d'unir aux amours ! etc.

Du lierre la verdure
Croît et meurt avec l'ormeau :
De l'hymen c'est un tableau
Embelli par la nature.
Quel bien d'unir aux amours ! etc.

Le ruisseau sur son rivage
Donne exemple aux tendres cœurs ;
Chaque jour aux mêmes fleurs
Il porte un constant hommage.
Quel bien d'unir aux amours ! etc.

Vous, qu'un tendre époux adore,
Vous qui connaissez l'amour,

Célébrez tous l'heureux jour
Dont naîtra demain l'aurore !
Quel bien d'unir aux amours
Une chaîne fortunée ;
Quel bien d'unir aux amours
Des nœuds qui durent toujours !

A MON ÉPOUX.

AIR : *Je suis Lindor.*

A mon bonheur tu consacres ta vie,
A ce plaisir tu bornes tous tes vœux ;
Crois à ton tour, crois que te rendre heureux,
De ta compagne est la plus douce envie.

Oui, je prétends, ô mon ami fidelle !
Par mille soins te prouver chaque jour,
Que, pour payer un si sincère amour,
Ce n'est pas trop d'une ardeur éternelle.

A MA FEMME.

Air : *Traitant l'amour sans pitié.*
ou : *Une fille est un oiseau.*

Quand sous le joug conjugal
Un nouveau couple s'engage,
On lui prédit, c'est l'usage,
Un sort qui n'a point d'égal;
Mais le bonheur sur la terre
Pour beaucoup de gens, ma chère,
N'est, hélas! qu'une chimère;
On le dit, du moins : pour moi,
Je sais que ma destinée
Ne peut qu'être fortunée,
Si je suis aimé de toi. *bis.*

Je suis à toi sans retour,
Car tu m'as fait la promesse
Que pour jamais ta tendresse
Egalerait mon amour.

En vain, je voudrais te dire
L'heureux espoir, le délire
Que ce doux serment m'inspire;
Et te peindre mon ardeur.
En prononçant : je t'adore,
Ma bouche à peine est encore
L'interprète de mon cœur. *bis.*

De Paphos l'espiègle enfant
A, dit-on, peur de son frère;
Sitôt qu'il voit un notaire
Il s'envole étourdiment.
Ici, quelle différence!
A l'hôtel il nous devance;
Il nous y met en présence :
Chez nous, enfin, chaque jour,
Cette union fortunée
Doit du trône d'hyménée
Faire le berceau d'amour. *bis.*

UN COUPLET.

Air : *Fournissez un canal au ruisseau.*

Puissiez-vous trouver mille douceurs
 Dans le lien qui vous engage ;
Que le plus tendre amour sur vos cœurs
 Avec l'hymen règne en partage !
 Il n'est pas de plaisir plus grand
 Que s'aimer, le dire sans cesse :
 L'hymen est triste sans tendresse
 Avec l'amour il est charmant.

LA MARCHE CONJUGALE.

Air : *Rantanplan tire lire.*

Fêtons le couple charmant
 En plein plan,
 Rantanplan
 Tire lire
 En plan.
Fêtons le couple charmant
 Qu'ici chacun admire.

Qu'ici chacun admire,
Rantanplan
Tire-lire ;
Et lui disons franchement
En plein plan,
Rantanplan
Tire-lire
En plan,
Et lui disons franchement
Tout ce qu'il nous inspire.

Tout ce qu'il nous inspire,
Rantanplan
Tire-lire :
C'est un tendre sentiment
En plein plan,
Rantanplan,
Tire-lire
En plan :
C'est un tendre sentiment ;
C'est un joyeux délire !

C'est un joyeux délire !
Rantanplan

Tire-lire ;
L'époux difficilement
En plein plan,
Rantanplan
Tire-lire
En plan,
L'époux difficilement
Cache ce qu'il désire.

Cache ce qu'il désire,
Rantanplan
Tire-lire ;
Son épouse innocemment,
En plein plan,
Rantanplan,
Tire-lire
En plan,
Son épouse innocemment
Se borne à lui sourire.

Se borne à lui sourire,
Rantanplan
Tire-lire ;
Désirs, sourire innocent,

En plein plan,
Rantanplan
Tire-lire
En plan,
Désirs, sourire innocent
Dans ce cas veulent dire....

Dans ce cas, veulent dire....
Rantanplan
Tire-lire,
Qu'on ne s'ra pas un moment,
En plein plan,
Rantanplan,
Tire-lire
En plan,
Qu'on ne s'ra pas un moment
Au logis sans bien rire.

Au logis sans bien rire,
Rantanplan
Tire-lire;
Qu'enfin leur bonheur s'ra grand,
En plein plan,
Rantanplan,

Tire-lire
En plan;
Qu'enfin leur bonheur s'ra grand
Plus qu'on ne saurait dire.

COUPLETS D'UN MARIÉ

Qui long-temps s'est défendu de chanter.

AIR : *C'est à mon maître en l'art de plaire.*

Vous l'ordonnez, il faut se rendre :
Assez long-temps j'ai résisté.
De mon mieux vous allez m'entendre
Célébrer ma félicité.
Je peindrai mal mon sort prospère ;
Mais pour m'excuser entre nous,
Je vous dirai : « J'ai craint de faire,
En l'exprimant, trop de jaloux. »

Un époux dans sa folle ivresse,
Sans savoir s'il tiendra, promet :
Moi, je veux prouver ma tendresse
Bien moins de bouche que d'effet.

Au moment où l'hymen m'engage,
Vous pouvez croire à mon amour;
Eh bien! dans vingt ans de ménage,
J'aimerai comme au premier jour.

LA RONDE DU JOUR.

Air : *Amusez-vous.*

Quand l'auteur de la machin' ronde
  Fit d' la côt' d'Adam
Sortir Ev', notre grand' maman,
 Il dit : Écoutez mes enfans,
   Soyez bonn' gens,
   Point fainéans :
   Unissez-vous,
   Chérissez-vous :
    C'est doux
   D' peupler le monde!
Tant qu'on s'chérira,
   Qu'on s'unira,
   Le monde ira,
   Tra deri dera. *bis.*

C'est d'puis c'temps là qu' les père et mère,
Qui sur le retour,
Ne peuvent plus faire l'amour,
Dis't à leurs enfans un beau jour :
C'est à vot' tour,

Plus de détour :

Unissez-vous,

Chérissez-vous,

Rien d'plus doux

A faire ;
Tant qu'on s'chérira,
Qu'on s'unira,

Le monde ira,

Tra deri dera. *bis.*

Enfin, sur vous l'exemple opère,
Pourriez-vous fair' mieux
Que d'imiter nos bons aïeux ?
L'un par l'autre soyez tous deux
Sans cesse heureux :

Tels sont nos vœux !

Unissez-vous,

Chérissez-vous,

Rien d'plus doux
A faire ;
Tant qu'on s'chérira,
Qu'on s'unira,
Le monde ira,
Tra deri dera. *bis.*

LES PROMESSES DU LENDEMAIN.

A mon Épouse.

AIR : *Je t'aime tant.*

Que je désirais cet instant !
Les chaines les plus fortunées
A celles du plus tendre amant
Viennent d'unir tes destinées.
Le temps chemine pas à pas,
Quand seul on fournit la carrière.
Mais à deux, jamais il n'est las,
Et sa course est bien plus légère.

Toujours plus ardent, mieux épris,
Je veux, en dépit de l'usage,

Prouver à messieurs les maris
Qu'on peut être heureux en ménage !
Je prétends, exempt de détours,
De soucis et d'humeur jalouse,
A jamais consacrer mes jours
Au bonheur de ma jeune épouse.

POUR UN MARIAGE LONG-TEMPS RETARDÉ.

AIR : *A tout âge oh est sensible.*

APRÈS bien des soins, des peines,
L'hymen enfin vous tient dans ses domaines,
 Et par les plus douces chaînes
   En ce jour
  Veut payer votre amour.

QUE toujours sa touchante ivresse
Soit le charme de votre tendresse.
   La veillesse
   Doit sans cesse
   A sa douceur

La paix et le bonheur.

Après bien des soins, des peines,
L'hymen enfin vous tient dans ses domaines,
Et par les plus douces chaînes
En ce jour
Va payer votre amour.

ENCORE UNE RONDE.

AIR : *Du carillon de Dunkerque.*

Pour couronner la fête,
Chantons à pleine tête,
Chantons, célébrons tous,
Chantons les nouveaux époux.

Cette heureuse alliance
Va jusqu'à l'évidence
Prouver qu' l'hymen encor
Peut valoir son pesant d'or.

Pour couronner la fête, etc.

Madame est jeune et belle,
Monsieur, épris, fidèle:

On dirait qu' tout exprès
L'un pour l'autre on les a faits.

Pour couronner la fête, etc.

Si jamais du mérite
Dépend la réussite,
A tout, s'lon son désir,
Le marié doit parvenir.

Pour couronner la fête, etc.

A l'épouse jolie,
Pour êt' femme accomplie,
Il n' manqu', j'en suis certain,
Que d'être à demain matin.

Pour couronner la fête, etc.

Comme ils s'aim'ront sans cesse,
De leur mutuell' tendresse,
Un' fille et p'têt' un fils,
Au bout d'l'an seront le prix.

Pour couronner la fête, etc.

Mais c'n'est pas l'tout de rire,
De chanter et de dire

Qu'nous les aimons tous deux ;
Faut l'prouver à qui mieux mieux.

Pour couronner la fête,
Chantons à pleine tête,
Chantons, embrassons tous,
Embrassons les deux époux.

CHANT D'HYMEN.

Air : *Eh ! gai, gai, gai, mon officier.*

Tout à l'amour
Qu'en ce beau jour
La fête
Soit complète !
Célébrons tous
Les nœuds si doux
De ces heureux époux !!

En quelques jours sans peine
S'est formé ce lien ;
C'est qu'une affair' qui traîne
En amour ne vaut rien.

Tout à l'amour, etc

Dans leur petit ménage
Pour fixer le bonheur,
Tout deux vont à l'ouvrage
Montrer la même ardeur.

 Tout à l'amour, etc.

Si l'une a tout pour plaire,
A l'autre il n' manque rien ;
Aussi comme ils vont faire
Valoir leur petit bien !!

 Tout à l'amour,

Croyez qu'd'un si beau zèle
Rien ne sera perdu :
J'en attends la nouvelle,
Avant l'an révolu.

 Tout à l'amour
 Qu'en ce beau jour
   La fête
  Soit complète
  Célébrons tous
  Les nœuds si doux
De ces heureux époux !!

LE PAS DE CHARGE,

Couplets de circonstance pour le mariage d'un Militaire.

Air bien assorti.

Le jour d'hymen, ah quel beau jour !
    Chacun, selon l'usage,
Aux mariés vient tour-à-tour,
    Présenter son hommage :
Pour remplir un devoir si doux,
    Tout du long, tout du large,
Moi, je vais chanter nos époux
    Sur l'air du *pas de charge*.

De nos invincibles guerriers
    C'est le pas ordinaire,
Quand il faut cueillir des lauriers,
    Dans les camps, à Cythère.
Nul obstacle ne leur fait peur,
    Sur route étroite ou large,

Vers la gloire, vers le bonheur,
>Ils vont au *pas de charge*.

Sous les drapeaux d'hymen l'espoir,
>Deux à deux nous entraîne :

Heureux, quand nous pouvons avoir
>L'Amour pour capitaine !

Heureux, quand sur l'engagement,
>Il écrit à mi-marge :

« Lesquels époux feront gaîment
>» La route au *pas de charge*. »

A l'époux.
Si j'en crois cet œil amoureux,
>*A l'épouse.*

Cette rougeur subite,
Vous êtes enrôlés tous deux
>Dans la troupe d'élite ;

Le commandant même après vous
>S'impatiente, car je

L'entends crier : « gentils époux,
>» En avant, *pas de charge !!!* »

6*

A UNE JEUNE MARIÉE

Qui va se fixer en province.

AIR : *Je l'ai planté, je l'ai vu naître.*

Tu quittes ta chère patrie,
Mais c'est pour suivre un tendre époux :
Qu'importe où s'écoule la vie,
Lorsque l'amour est avec vous !

Des jeux de la paisible enfance,
Rappelle souvent les plaisirs :
Le souvenir de l'innocence
Est le plus doux des souvenirs.

Donne à l'amour sa récompense,
Donne à l'hymen tes plus beaux jours ;
L'Amitié perdra ta présence,
Mais ses vœux te suivront toujours.

Son doux lien reste en nous-même ;
Non, l'absence n'est qu'une erreur :
On ne quitte pas ceux qu'on aime,
On les emporte dans son cœur.

POUR LES BAPTÊMES.

PROPHÉTIE EN UN SEUL COUPLET.

AIR : *Tous les bourgeois de Chartres.*

Enfin la providence
Couronne ses bienfaits,
Et d'un fils la naissance
Comble tous vos souhaits ;
Sur cet enfant chéri, par sa main tutélaire,
Déjà mille dons sont infus :
Il aura talens et vertus,
Tout comme père et mère.

RONDE.

AIR : *Ah ! v'nez voir danser la p'tit' marmotte !*

Chantons,
Célébrons,
D'un charmant garçon
L'heureuse naissance !

La présence
Du petit luron,
A ma chanson
Donne du ton.

Sa mèr' semble déjà
Oublier sa
Souffrance extrême :
Un fils entre les bras
Craindrait-on même
Le trépas.

Chantons, etc.

Le papa tout content,
R'trouv' dans l'enfant
Sa ressemblance ;
C'est par lui qu' tous deux
Ont l'assurance
D'être heureux.

Chantons, etc.

Dans leur constante ardeur,
Ce prix flatteur

Les encourage
Au gré de leurs désirs,
Qu'il leur ménage
De plaisirs !

Chantons,
Célébrons,
D'un charmant garçon
L'heureuse naissance !
La présence
Du petit luron,
A ma chanson
Donne du ton.

A UNE AIMABLE VEUVE

Sur la naissance d'un fils.

AIR : *Femmes voulez-vous éprouver.*

Sèche tes pleurs en ce beau jour :
Le ciel dissipant tout nuage,
D'un époux si digne d'amour,
Te présente la vive image.

Il comble les vœux de ton cœur,
Et t'offre en ce moment prospère
Un fils chéri, qui dans ton cœur
Tiendra la place de son père.

(*Au nouveau-né*).

O toi ! dont ces vers, si long-temps
Ont prédit l'heureuse naissance,
Ton aspect dans nos cœurs aimans
Verse la plus douce espérance.
Toujours nous nous rappellerons
Cet instant d'une douce ivresse ;
Tu seras tant que nous vivrons
L'objet d'une égale tendresse !

Si le Dieu du sacré vallon
Secondait l'ardeur qui m'inspire,
Sur un plus énergique ton
Je ferais résonner ma lyre.
Oui, par les plus nobles accords,
Charmant ta famille attendrie,
Je chanterais avec transports
Le fils et sa mère chérie.

LE NOUVEAU-NÉ.

Air : *Du haut en bas.*

Un nouveau-né
Et nous intéresse et nous touche,
Un nouveau-né,
Mérite d'être chansonné :
Moi, sans que rien ne m'effarouche,
A ce sujet ici j'accouche
D'un nouveau-né.

Ce nouveau-né,
Saura plaire comme sa mère;
Ce nouveau-né,
De cent grâces doit être orné ;
Enviant le bonheur du père,
On voudrait faire avec la mère
Un nouveau-né.

Je n'ai qu'un né,
Je n'en aime pas l'encolure,
Je n'ai qu'un né,
Par malheur il est mal tourné;

Mais on rirait bien, je vous jure,
S'il me venait sur la figure
>> Un nouveau-né.

>> Le nouveau-né,
De le chérir je me fais gloire;
>> Le nouveau-né
Est cause que j'ai bien dîné.
Amis, si vous voulez m'en croire,
Jusqu'à demain nous allons boire
>> Au nouveau-né.

FIN.

www.ingramcontent.com/pod-product-compliance
Lightning Source LLC
LaVergne TN
LVHW051506090426
835512LV00010B/2369